Jeevan Ki Dastan

A Collection of Poems on Moments of Life

Riddhi Nim

BookLeaf Publishing
India | USA | UK

Made with ❤ on the BookLeaf Publishing Platform
www.bookleafpub.in
www.bookleafpub.com

Dedication

This book is dedicated to the journey of life- to every memory, every moment that quietly became a poem. Also to everyone who feel life deeply from the bottom of their soul and heart. The book is for the hearts that find meaning in the smallest moments of life.

Preface

Life rarely unfolds the way we imagine it will. Somewhere between dreams and reality, we encounter moments that quietly change us—moments of loss, loneliness, unanswered questions, and silent battles that no one else can see.

This book was written in those moments.

These poems were not created to sound perfect or polished; they were written to survive the weight of certain feelings. Each page carries pieces of memories, fragments of sorrow, and reflections that often appear when the world grows quiet and the heart begins to speak.

There are times in life when words become the only place where emotions can rest. In those times, poetry becomes more than expression—it becomes refuge. The verses in this collection hold the echoes of sadness, the beauty hidden inside pain, and the fragile hope that somehow continues to exist even in the darkest moments.

Perhaps life is not meant to be understood completely. Perhaps it is only meant to be felt—through the moments that break us, the memories that haunt us, and the lessons that slowly rebuild us.

If these poems feel familiar to you, it may be because

sadness is a language many hearts quietly understand.
And in these pages, that language finally found its voice.

Acknowledgements

This book is a reflection of many experiences, some beautiful and some difficult. I would like to acknowledge the people who walked beside me during those times, offering support, understanding, and sometimes simply their presence.

Their influence lives within these pages more than they may realize.

1. Maafi Ka Mahatva

Har us Shabd Ko Maaf Karna,
Har Us Khata Ko Maaf Karna,
Har Us Sataye Hue Pal Ke liye Maaf Karna,
Har Us Aansu Ke Liye Maaf Karna,

Agar Maaf Na Kar Sako,
To Har Ek Pal Ek Mauka Dena,
Ki Har Us Maafi Ke Liye,
Jo Tumse Hai Maangi,
Wo Kabool Karna||

2. Saanson ki Keemat

Lamhe Fursat Ke Aaye To,
Ranjishen Bhula Dena,
Kisi Ko Nahi Hai Khabar,
Hai Kahan Tak In Saanson Ki Mohlat||

3. Nazron ka Khel

Zubaan Se Guftagu Karne Wale,
Kabhi Humari Nazar Se Bhi To Mil,
Teri nazron Se Guftagu Karne Ko,
Tarsi hain Ye nazren||

Kabhi Poochna Inse Bhi To,
Ae Nazar, Tarasti Hain Kiske Deedar Ko Teri Ye Nazren||

4. Jeevansathi

Jab Zindagi Thamne Lage,
Tab Thaamna Koi Ek Haath,
Sochna Ki Zindagi Uske Liye hai aage Chalani||

Hai Jiski Aapko Chahat,
Ruk Jaate Hain Kadam,
Khud-Be-Khud Us Mukaam Pe Jaakar||

Hai Zindagi Teri Apni Nahi,
Rakhna Laaj Apni Chahat Ki Zindagi Ki,
Jisne Hai Bune Kuch Sapne,
Thaamte Samay Tere Wo haath||

5. Bas Tera Khayal Hi Kaafi Hai

Teri Palkon Se Bahe Har Us Ashq Ki Kasam,
Tere Chehre Ke Har Us Shikan Ki Kasam,
Mere Har Us Cheerte Hue Lafz Ke Liye,
Hai Tu Hi Meri Har Saans Mein,
Har Dhadkan Mein,
Har Pal Mein,
Har Pal Ki har Us Soch Mein,
Rehta Hai Bas Tera Hi Khayal||

Wo Mera Tujhse Khafa Rehna,
Mera Tujhse Naraaz Rehna,
Mera Tujhse Bewajah Baras Jana,
Har Us Pal Mein,
Aata Hai Bas Tera Hi Khayal||

Na Chahiye Iski Koi Maafi,
Na Hai Iska Koi Jawaab,
Chahiye To Bas Tera Saath,

Jo Kar Sakta Hai,
Meri Zindagi ki Har Mushkil Ko Aasan||

6. Zindagi Ke Lamhe

Na Darr Zindagi Ke Un Lamhon se,
Jinhone Kar Di hai Teri Zindagi,
Pehle Hi Tujhse Duur||

Kar Di hai Dafn,
Jeene Ki Har Ek Khwahish,
Hai Wakif Har Ek Lamha,
Teri Un Lamhon Ki Majboori Se,
Hai Shayad Yahi Ek Wajah,
Ki Rok Dete Hain,
Yahi Lamhe Un Lamhon Ko||

Kisi ek Ke Wo Lamhe,
Tere Un Toote Hue,
Tere Wo beete Hue,
Koobsurat lamhon Ko,
Hai Nahi Lauta Sakta||

Na Soch Apni,
Par Soch Apni Us Zindagi Ke Baare Mein,

Un Lamhon ka Hai Vaasta Tujhe,
Khud Na Jee,
Par Jeene De Un lamhon Ko||

Kyun Ban Chuka Hai,
Khud Ke Hi lamhon Ka tu Dushman,
Jiske Pehle Se Hi Hain Hazaar Dushman||

Har Wo Lamha,
Us Lamhe Se Kehta Hai,
Jeene De Mujhe Ae Insaan,
Kahin Toot na Jaun main Bhi,
Un Toote Hue Lamhon Ke Samaan||

7. Lehron Ka Caravaan

Zindagi Ki Lehron Se,
Ladta Ja Raha Hai Tu,
Kabhi Us Chhor,
To Kabhi Us Chhor,
Samandar Ke Saath Chalte Chalte,
Tee jeevan Ki raah Dhalte-Dhalte,
Kabhi Hua Savera,
To Kabhi Hui Shaam||

Apno se Duur,
Khud Ke Kareeb,
Chalta jaata Hai Tu,
samandar Ki Lehron Ke saath,
Apne aap Ke Saath||

Na Koi Apna,
Na hai Paraya,
Bas Neele Aasman Ke Neeche,
Neele Samandar Ke Upar,

Chalta Ja Raha Hai Tu,
Jeevan Ki Dor Thaam,

8. Mushkil hai Jeena

Duniya Mein aaye,
Laga Mushkil Hai Jeena,

Bachpan Aaya,
Laga Mushkil Hai Jeena,

Jawaani aai,
Laga Mushkil Hai Jeena,

Jeete Jeete Ilm Hua,
Jeevan Jeena Hi Mushkil Hai Jeena,

Laga Kabhi To Jeeyenge Ye Jeevan,
Laga Kabhi To Milegi Humme Bhi,
Wo Khushiyan,
Wo Manzilen,
Jinhe Paakar Lagega,
Ki Mushkil Nahi Hai Jeena||

Magar Fir Aata Hai Ek Mod Aisa,

Laga Jispe Ki,
Mushkil Hai Jeena||

9. Muqammal Jahan Ki Dastaan

Har Kisi Ko Muqammal Jahan Nahi Milta,
Milta Hai To Usko Muqammal Karne Ka,
Waqt nahi Milta||

Waqt Mil Bhi Jaaye,
To Use Muqammal Karne Ka,
Mizaaj Nahi Banta,

Mizaaj Ban Bhi Jaaye,
To Mizaaj Ko Badalte Waqt nahi Lagta||

Badalte Waqt Ke Sath,
Badalte Hain Mizaaj,
Badalte Mizaaj Ke Saath,
Badalte Hain Log,
Badalte Logon Se,
Badalte Hain Rishte,
Badalte Rishton Se,
Badalte Hain Wo Sapne,

Jinse Milta hai Muqammal Jahan,

Isliye Milta Nahi Har Kisi Ko,
Wo Muqammal Jahan||

10. Saaya

Tu Chale,
Tere Sang Sang Main chalun,
Tu Ruke,
Tere Sang Sang Main Rukun,
Hun main Tera Hi Saaya||

Kaash Reh Jaati Ye Kaaya,
Tere Sang Sang Reh Jaata,
Mera Bhi saaya,
Na Bichhad Paya,
Na Ruk paaya,
Mera Saaya, Tera Saaya||

Chal Padha Kisi Aur Ki Talash Mein,
Ye Har Mann Ka Hai Saaya||

11. SAANSEN

Zindagi Hai, Aashayein Hain,
Khwahishen Hai,
Kyunki Har Saans Mein Basti saansein Hain||

Tooti Agar Ek Kadi,
Tutegi Zindagi Ki Har Kadi,
Saanson Ki Raftaar Se,
Chalti Hai Ye Zindagi,
Thami Jo Ye Saansein,
Tham Jaegi Ye Zindagi bhi||

Jeena hai To,
Har Us saans Ki Raftaar Se Jiyo,
Jo Ek Hi Saans Mein Hai Chalti Jaati||

In Saanson Ne Hi To Sikhaya,
Zindagi Ko Jeene Ka Saleekha,
Na Rahega Koi Pal, Koi Insaan,
Ae Zindagi Tere Saath,
Magar Na Chhodengi Tera Ye Saath,

Teri aakhri Saans tak,
Teri Ye Saansen||

Kabhi jab Baithe-baithe,
Aaye Ye Khayal Tujhe,
Ki Kyun Nahi Hai Koi Tere Saath,
Tab Kiya Kar Tu Baat,
Raat Ke Sannate Mein,
Apni Un saanson se,
Jo Rehti Hai Tere Har Pal Mein,
Tere Hi Saath||

Tu Hasta Hai,To Hasti Hain Saansein,
Tu Rota hai, To Roti Hain saansein,
Tu Hi agar Ruk jaaye, To Ruk Jaayengi saansein,
To Jee Le Tu Bhi,
Dene Ko Apni In Saanson Ko Saansein||

12. SAPNA

Sapna Tha Ek Mera,
Jisko maine Khud Se Hi Na Tha Pehchana,
Zindagi ka Banta Gaya Ek Afsana,
Magar Us Sapne Ke Kareeb Na Hua Jaana||

Hota Us Sapne Ko Kabhi Pehchana,
To bante Afsano Ke Silsile,
magar Kab na jaane Wo Sapna,
Toot Gaya Banne Se Pehle Apna||

Khili Thi Us Sapne Ki Jo Kali,
Jaane Kho Gai Wo Kis Gali||

Fir Aai Ek Din,
Suraj Ki Wo Kiran,
Di Jisne Us Sapne Ko,
Fir Se Jeene Ki Ek Kiran||

Wo Kali Fir Hai Khili,
Bani Ek Sundar Sa Afsana,

Jisko Ab na Hai Jaane Dena||
Wo sapna Jo Tha Mera,
Ban Gaya Hai Meri Zindagi Ka Ek Chehra||

14. Zindagi Ne Ki Bewafai

Maana Hue Hum Barbaad,
Ae Zindagi,
Magar Gustaakhi Koi Kam Tune Bhi Nahi Ki ||

Chahti To Tu Rok Deti,
Hone Se Humme Barbaad,
Par Nikli Jab Tu Hi Bewafa,
To Kaise Na Hota Main Barbaad||

Tune Kaha hamesha,
Tera Hissa Hun main,
Par Chhod Gai Tu Mera Saath,
Reh Gaya bas Ek Kissa Hun Main||

magar Hum Na Bhule,
Tere Us Saath Ko,
Nikal Padhi Ae Zindagi,
Teri Zindagi Banane,

Barbaadiyon Ko Karne Nikle,
Aabad Him ||

15. WAQT

Ek Waqt Tha,
jab Tu Mere Waqt Ka Hissa na Tha,
Us Waqt Socha na Tha,
Ban Jaega Tu Hi Mere Is Waqt Ka Hissa||

Zindagi Mein Kab Kis Lamhe Tu Mila, Na Pata,
Zindagi se Kab Kis Lamhe Tu Chala Jaye, Na Pata ||

Rishte Bhi Ban Gaye hain Us Paani Jaise,
Jise Jab Jahan Dikhe Koi Naya Mod,
Mudh Jaate Hain, Chhod Ke Peeche Sookha||

Na Tha Maloom Tere Baare Mein,
Na Hai Pata Tere Kal Ka,
Waqt Waqt Ki Hai Baat,
Kal Tu Nahi Tha Saath,
Tab Nahi Thi Koi Baat,
Aaj Tu Nahi Hai Saath,
To Reh Gaye Hain Khaali Ye Haath||

Kaah Ki Ye Waqt Samajh Paata,
Ki Khiud Waqt Hi Rok Dena Chahta Hai,
Us Waqt Ko, Jo Beeta Hai Tere Saath ||

16. Khoosurati Ke Maaine

Wo Kehte Hain,
Ki Lagte Hain Hum Khoobsurat,
Maaine Hain Is Lafz Ke,
Hai Khud Ko Hi Nahi Maloom Unhe,
Ki Kab Ye Khoobsurti ,
Hawas Ban Jaaye ||

Na Thi Humme Is Baat Ki Khabar,
Na Thi Unhe Is Baat Ki Khabar,
Shabdon Ki aad Mein,
Khoobsurat To Reh Gaya Hai,
Kewal Ek Lafz||

Maaine To Pehle Hi Diye Hain Badal,
Kar Diya Hai Khoobsurat Shabd Ki,
Khoobsurti Ka Katla,
Hai Ranjish Is Khoosurati Se,
IsInsaan Ko Hi Shikwe ||

17. Khuda

Kehte Hain Ki,
Duniya Khuda Chalata Hai,
Par Kya Is Baat Ka Ilm,
Khud Khuda Ko Hai||

Samay Dhalte Dhalte,
Beh Gaya Khuda Par Se Vishwas,
Bachpan Ki Wo Kashti,
Beh Gai Khud Ke Saath||

Sunte The Ki Khuda Hai Sabke Saath,
Magar Kar Di Khuda Ne,
Daga Humare Hi Saath||

Khuda Ko Bhi Apni Khudgarzi Pe Na Hai Naaz,
Kyunki Khud Hi Chheda Khuda Ne,
Anyaay Ka Saaz||

Ameer Gareeb Sab Hain Ek Samaan,
Par Reh Gai Ye Baatein ,

Kitaabon Ke Hi Darmiyaan||

Deta Hai Jhuda Usko,
Hai Jiske Paas Pehle Se Hi Sab Beshumaar,
Aur Le Leta Hai Sab Kuch Usse,
Jiski Jholi Mein Na Di Khushi Ki Bhi Ek aas||

Ae Khuda, Kab Badlega,
Tu Apni Ye RaZa,
Ya Chahta Hai Tu,
Bas Kitaabon Mein Hi Basna||

Kho Dega Har Wo Insaan,
Tujhpar Se Vishwas,
Jiske Jeevan Ke Saath,
Kiya Hai Tune Har Kadam Par 'Vishwasghat' ||

18. Khud Se Hain Roothe

Insaan Kisi Aur Se Roothe,
To Koi Malaal Nahi,
Magar Khud Se Hi Rooth Jaaye,
To Rooth jaati Hai Uski Zindagi Bhi Usse||

Kuch Aisa Hi Hota Hai,
Jab Hum Apne Khud Ke Jeevan Se Ho Roothe,
Na Rehti Hai Kisi Bhi Ehsaas Ki Koi Bhi aas,
Lagta Hai Jaise Ho Gai Hai Zindagi Besaaz,
Bas Khushi Ki Hai Ab Ek Aas||

19. Badalte Lamhe

Girti Uthti Zindagi Mein,
Girte Uthte Hain Ye Lamhe,
Kaise Taraashe In lamhon Ko,
Kaise Sawaare Is Dhalti Zindagi Ko ||

Tez Raftaar Se Chalti Ye Zindagi,
Kyun hai Thamti har Dam Ye Zindagi||

Har Lamha Chura Leta Hai,
Apne Hi Lamhe Se Uski Zindagi,
Kaise Rakhen Thaam Ke,
Is Zindagi Ke Lamhon Ko,
Jo Rukte Chalte Hain,
Apni Hi Mauj Mein||

Nahi Samajhte Apni In Chaalon Ka Asar,
Insaani Zindagi Par||

20. Zindagi Ka Rukna

Zindagi Ka Rukna,
Jaise Aasman Ka Jhukna ||

aasman Ka Jhukna,
Jaise Dharti Ka Guroor tootna||

Ye Hai Jeevan Ka Sach,
Zindagi Ka Rukna,
Khud Ka Guroor Tootna,
Khud Se Roothna,
Lagta Hai, Maano Zindagi Ke Kadam gaye Ho Tham||

Thamna, Rukna, Jhukna,
Na Tha Kabhi Mere Jeevan Ka Satya||

21. Jeevan ka Ansh

Jeevan kya hai..
Is Brahmaand ka Ek Ansh||

Jeevan ke har ek Ansh se,
Banta Hai dusra Ansh ||

Har wo Ansh Jo ek naya Jeevan Banata hai,
Reh jaata hai Ek Samay,
Bina kisi Apne khud ke Ansh Ke ||

Ansh ke Ansh hi Dete hain,
Jeevan mein Khushi,
Jeevan ko Chalne ka Naam,
Jeevan Ko deta hai ek Mukaam,
Jeevan Kar deta hai Aabad,
Us Aabad Jeevan ko hi,
Kar Deta hai fir Barbaad,
Apna hi wo Ansh,
Jisko Diya tha ek naya Jeevan.

Bas Reh jaata hai wo Ansh,
Apne har is Aansun ke Ansh Ke saath,
Har saans kehti hai,
Na Raha tere hi Ansh ab wo Ansh ||

www.ingramcontent.com/pod-product-compliance
Lightning Source LLC
Chambersburg PA
CBHW070652240926
51846CB00003BA/879
* 9 7 8 9 3 7 5 4 3 6 8 6 7 *